Prix : Un franc

LES

Fortifications de Paris

ET LE

DROIT DES PROPRIÉTAIRES

de la Zone

PAR

Emile DAIREAUX

Ancien Avocat à la Cour de Paris

Président de la Ligue de Défense des Propriétaires Zoniers

GRANDE IMPRIMERIE DE TROYES

126, Rue Thiers, 126

Et chez l'auteur, 15, rue Vernet, à Paris (VIII')

1912

LES FORTIFICATIONS DE PARIS

ET LES

Droits des Propriétaires de la Zone

I

La suppression des fortifications de Paris, qui occupe les Pouvoirs publics depuis vingt ans au moins, est aujourd'hui résolue. Leur désaffectation est un fait accepté et proclamé par les autorités militaires, qui, au point de vue technique, les considèrent comme inexistantes, et abandonnent leur sort aux financiers de l'Etat, des Conseils municipaux de la Ville et de la banlieue.

La défense nationale s'est totalement désintéressée de ce corps mort, inesthétique, gênant, qui a plus nui à la défense de Paris, en 1870, qu'il ne lui a servi, qui a protégé de ses pierres et de ses talus toutes les résistances de la Commune de 1871.

L'Etat et la Ville de Paris, bénéficiaires de cette épave abandonnée du Génie militaire, se sont mis d'accord sur le principe de la démolition ; mais, depuis dix ans, tous les accords tentés par les deux partis en présence, ont échoué : le partage de l'épave est difficile à faire, plus difficile encore la division des frais qu'exige sa mise en valeur.

Au cours de cette période de discussions entre ces deux personnes morales et politiques, et devant le silence de l'autorité militaire, la question de l'existence ou de la non existence d'une zone et d'une servitude militaire s'est trouvée ainsi résolue de fait.

De l'avis de tout le monde, qu'ils soient juristes, économistes ou propriétaires intéressés, là où il n'y a plus d'intérêt national, de défense nationale en jeu, une servitude, créée en vue de celle-ci, a cessé d'exister, et ne saurait plus être invoquée ni pour créer des charges, ni pour restreindre des droits.

Pas d'intérêt, pas d'action.

Le Génie militaire l'a si bien compris que, depuis dix ans, il a manifesté son opinion par l'abstention complète de la vigilance de la zone ; lui, jusque-là tracassier à l'excès, frappant d'amendes le déplacement d'un arbuste ou d'une pierre, il s'est retiré sous la tente. Il n'a plus dressé aucune contravention. Il n'a protesté d'aucune manière. Il a laissé aux propriétaires zoniers liberté entière de jouir de la plénitude de leurs droits de propriétaires. Ceux-ci avaient eu à supporter 70 ans de privation de jouissance, sans qu'une loi soit intervenue même pour créer cette violation du droit, sans qu'aucune indemnité ait été

Prix : Un franc

LES

Fortifications
de Paris

ET LE

DROIT DES PROPRIÉTAIRES

de la Zone

PAR

Emile DAIREAUX

Ancien Avocat à la Cour de Paris

Président de la Ligue de Défense des Propriétaires Zoniers

GRANDE IMPRIMERIE DE TROYES

126, Rue Thiers, 126

Et chez l'auteur, 15, rue Vernet, à Paris (VIII')

—

1912

offerte, ni payée aux victimes des prétendues exigences de la défense nationale.

Dans diverses occasions même, le Génie militaire démontrant ainsi son abandon des fortifications, a remboursé des amendes qu'il avait encaissées récemment, et que les services du Ministère de la Guerre déclaraient spontanément avoir été infligées sans cause, les fortifications étant abandonnées et par conséquent aucune conséquence de servitude éteinte ne pouvant survivre à cet abandon.

Le résultat de la mise en pratique de cette théorie, de cette condamnation de la fortification de Paris, a été que, parmi les propriétaires sacrifiés depuis 70 ans, beaucoup ont usé largement du droit qui leur était rendu et que des constructions se sont élevées, dans ce qui était considéré autrefois comme zone militaire et qui n'a jamais rendu de services militaires, pour plus de cent millions de francs.

Citons, entre autres, un village tout entier, presque une ville construite près la porte des Lilas, composé de maisons hygiéniques, de villas entourées de jardins, conquête de la population de Belleville et de Ménilmontant, victoire importante de l'épargne sur le prolétariat.

II

Les choses en étaient là, il y a trois ans, quand la Ville et l'Etat incités par l'opinion publique, avide d'espaces libres, de parcs, de jardins, de jeux et de sports, peut-être aussi par des spéculateurs avisés, pensa d'abord à utiliser les 250 mètres de la fortification sur tout le pourtour de Paris, ou tout au moins une partie, pour créer des lieux de repos et de promenade.

Personne, à cette époque, n'émettait l'idée de s'emparer violemment comme de *res nullius* des propriétés de la zone sous la fortification, qui embrasse aussi 250 mètres de large à partir du chemin de ronde, c'est-à-dire environ 2.400 hectares, soit 24 millions de mètres carrés, que l'on peut estimer à cent francs en moyenne, soit deux milliards et demi de valeur.

On n'y songeait pas, peut-être parce que le milliard des congrégations n'ayant pas beaucoup profité à l'Etat, ni à la considération générale des politiciens, on redoutait, sans doute, que les milliards des zoniers ne produisissent, eux aussi, qu'une nouvelle occasion de scandale.

Peut-être, même, les auteurs des propositions avaient-ils alors une pudeur, qu'ils semblent avoir perdue depuis, et reculaient-ils devant une spoliation qui, cette fois, allait atteindre non pas les *richissimes* congrégations, mais les pauvres zoniers — oui, les pauvres propriétaires zoniers, restés pauvres, privés qu'ils sont, depuis 70 ans, sans indemnité, de la jouissance de leurs propriétés.

Les faiseurs de projet, officiels ou non, éclairés sans doute par les spéculateurs de terrains — la bande noire qui redoute de voir les propriétaires zoniers faire concurrence à la propriété bâtie et non bâtie de la Ville de Paris, en venant offrir sur le marché les terrains qu'ils ont jusqu'ici détenus, sans en jouir — ont alors imaginé d'acheter à l'Etat le terrain des fortifications et de le négocier avec profit pour des constructions publiques ou privées.

L'exécution de ce projet devant rencontrer quelques difficultés financières, un édile de haute marque imagina, alors, la spoliation, sans précédent, des terrains de la zone, en proposant leur expropriation arbitraire à bas prix, en vue d'y créer des espaces libres, gratuitement, d'en revendre des surfaces suffisantes aux chemins de fer et même à des spéculateurs, pour payer, avec l'argent des zoniers, le prix du terrain de la fortification que l'Etat réclame et l'aménagement de celle-ci.

<h3 style="text-align:center">III</h3>

Ce projet a déjà un nom historique, c'est le projet Dausset. Il a un frère, qui est le projet Siegfried, ou du Musée social.

Toujours animé du même esprit, qui tend à considérer les propriétaires de la zone comme quantité négligeable, et les zoniers comme des prolétaires hors la loi, le projet Siegfried ne va pas jusqu'à la spoliation, genre Dausset, mais prétend faire payer aux zoniers les frais de la reprise du terrain des fortifications.

Et comment ?

Par la simple application de la loi du 30 novembre 1807, qui permet, quand des travaux publics ont donné à des propriétés une plus value, de faire payer à celles-ci la moitié de la plus value *présumée*.

Voyons comment se résume en droit et en fait, ce projet :

Les propriétaires zoniers, à qui, en 1841, on avait réservé tous leurs droits dans la loi établissant le projet de construction de fortification, ont, jusqu'en 1856, été libres d'user pleinement de leurs propriétés et de construire à leur guise. Mais ils se sont vu arbitrairement, à cette époque, et depuis cette époque, pendant un demi-siècle, frappés *administrativement* — et non par une loi, — d'une servitude *non œdificandi*. Cette servitude rigoureuse empêchait tout usage de ces terrains, et même la possibilité de les louer, puisque tout locataire devait être agréé par l'autorité militaire et obligé au dépôt d'une caution toujours importante.

Les propriétaires ainsi frappés, au lieu de recevoir de l'Etat une indemnité, ont été l'objet de toutes les vexations : procès-verbaux, amendes, démolitions de constructions légalement élevées. C'est dans cet état de choses qu'à ceux que l'on n'a jamais songé à indemniser, malgré leurs réclamations, on viendra dire : C'est à vous à payer les frais de la démolition d'une fortification qui a été l'origine de tous vos malheurs. Sa disparition va enfin combler vos vœux et restituer à vos por-priétés la valeur dont elles ont été privées par son existence, durant 5o années pleines ; cette réparation de toutes les injustices que vous avez subies, c'est à vous de la payer.

Les spoliateurs, pour ne pas leur donner un autre nom, n'ont pas l'habitude d'écouter les plaintes de leurs victimes. Aussi n'entendront-ils pas ce cri de celles-ci : « Avec quoi voulez-vous que nous repayions le prix de nos terrains puisque, depuis 5o ans, l'Etat nous en a virtuellement expropriés, qu'ils ne nous ont rien pu produire ? »

Il est notoire que le propriétaire zonier ne sera pas enrichi par la disparition du fossé qui le sépare de la ville ; heureux s'il trouve, sous une forme quelconque, la compensation d'une partie de sacrifices soufferts pendant 70 ans.

Mais non, les faiseurs de projets semblent convaincus que les terrains de la zone, dont l'usage a été supprimé violemment, sont une cagnotte où se sont accumulées des ressources, préparées à leurs frais, pour les générations futures.

Cette cagnotte, engraissée pendant 70 ans, il leur faudrait en doubler le contenu s'ils veulent reprendre une jouissance inter-dite. C'est là l'indemnité qu'offre à leur droit, toujours violé, le projet Siegfried.

Les zoniers, par la loi du doublement des capitaux auraient en 70 ans quintuplé la valeur de leurs terrains. Faute d'en avoir rien tiré, ils sont réduits à la pauvreté.

Cette pauvreté à laquelle on demande de nouveaux sacrifices, c'est elle qu'on veut aggraver par de nouvelles vexations sur le choix desquelles, seul, les projets diffèrent, mais que tous tendent à réaliser cyniquement.

IV

Quelle est donc l'origine de la servitude ?

Existe-t-elle même ?

Cette question de l'existence des servitudes militaires autour de Paris a donné lieu avant sa création et pendant la discussion de la loi de 1841, établissant la fortification, et depuis, à de fréquents débats.

En principe, le Génie militaire a le droit de limiter le droit de propriété dans un vaste rayon autour des places de guerre.

Lors de la discussion de la loi de 1841, il fut décidé que, jamais, *Paris ne pourrait être considéré comme place de guerre*, et aussi que jamais la zone de servitude ne pourrait dépasser 250 mètres, et enfin qu'elle devrait être établie par une loi.

C'est l'opinion publique très ardente contre le projet des fortifications, soutenu par M. Thiers, qui arracha au Ministère de de la Guerre le vote de ces trois principes.

Tous trois, devenus articles de loi, furent tous également violés au cours des années, par les gouvernements successifs dont le plus cruel a été le gouvernement républicain.

Jamais Paris n'a été déclaré place de guerre; jamais une loi ni un décret n'a établi la servitude, jamais la zone n'a été délimitée.

Ces violations successives ne vinrent que lentement.

Pendant 15 ans après le vote de la loi de 1841, c'est-à-dire jusqu'au second Empire, en 1855, jamais le droit de bâtir n'a été contesté aux propriétaires de la zone, jamais le Génie militaire n'a traité cette vaste région en pays conquis; il s'est toujours désintéressé de ce qui s'y passait.

Il est même arrivé pendant cette période, que l'Etat, vendeur de terrains, dans la zone de 250 mètres a imposé à ses acheteurs l'obligation de construire.

Personne, alors, ne parle de servitudes existantes. On redoute seulement de les voir établies, mais seulement par une loi, comme cela était ordonné par la loi de 1841.

On se plaint seulement, alors, de l'incertitude du droit de propriété dans la banlieue, sous la menace des servitudes que l'on pourrait y établir.

Les conseils municipaux font des démarches auprès de l'Etat pour qu'il mette fin à cette situation sans sécurité.

Les tribunaux saisis, et la Cour de Cassation, dès 1845, déclarent que les propriétaires ne peuvent réclamer *d'indemnité parce qu'il n'y a pas servitudes établies par une loi* et que la crainte de servitudes qui pourraient être établies ultérieurement ne peut donner lieu à des indemnités éventuelles.

Après ce haut tribunal, l'Administration militaire elle-même, par l'organe du Maréchal Soult et du Général Gourgaud, déclare que **Paris est soumis au droit commun** *et restera dans cette situation tant qu'une loi ne l'aura pas déclaré* **Place de guerre.**

L'article 7 de la loi de 1841, dit-il, affranchit en temps de paix la capitale des conditions auxquelles les places de guerre sont soumises, c'est-à-dire des **servitudes militaires et extérieures** (*Moniteur* 10 février 1843).

En 1860, paraît un traité des servitudes d'utilité publique, de M. Jousselin, avocat à la Cour de Cassation. Cet auteur déclare qu'il est hors de doute que *les servitudes autour de Paris, n'existent ni en droit, ni en fait.*

La loi du 10 juillet 1851 n'a d'autre objet que de rendre au Pouvoir législatif le classement des Places de guerre, mais ne modifie en rien, quant à Paris, la situation créée par les articles 7 et 8 de la loi de 1841 et ne les rappelle que pour mémoire.

Un décret de 1853, sous le Second Empire nouvellement établi, rend à l'Exécutif le droit de classement mais ne modifie en rien la situation de Paris.

Le grande raison de cet ajournement de la création des servitudes militaires était la crainte qu'avait le Gouvernement des indemnités à payer.

Aucune loi n'intervint pour établir les servitudes militaires.

Aucune indemnité ne fut payée.

Cependant, tout d'un coup, par mesure arbitraire administrative, la licence, qui avait été laissée sans restriction aucune aux propriétaires, de construire, fut de fait supprimée sans qu'aucune loi fût intervenue; les procès-verbaux et les amendes, sans avis préalables, commencèrent à pleuvoir sur les propriétaires zoniers. C'était la seule indemnité qu'on leur donnait.

Mais, de fait, leurs droits de jouissance étaient supprimés, aucun libre usage de leurs droits de propriétaires ne leur était laissé.

Le Conseil d'Etat saisi, rendit, en 1856, le fameux arrêt Trezel, à la suite de procès-verbaux dressés par le Génie militaire, à l'occasion de constructions élevées, comme tous en élevaient depuis 15 ans.

Sur la suite judiciaire donnée à ces poursuites, le Conseil d'Etat déclara existantes les servitudes militaires autour de Paris, dans un rayon de 250 mètres.

Par un subterfuge de raisonnement, le Conseil d'Etat impérial écarta l'article 7 de la loi de 1841 ainsi conçu : « La Ville de Paris ne pourra être classée comme Place de guerre qu'en vertu d'une loi spéciale » et faisant état exclusivement de l'article 8 qui disait : « La première zone des servitudes militaires, telle qu'elle est réglée par la loi de 1819 sera seule appliquée à l'enceinte continue et aux forts détachés ; cette zone unique de 250 mètres sera mesurée sur les capitales des bastions à partir de la crête de leurs glacis ». L'arrêt concluait en affirmant que l'article 7 ne s'appliquait qu'aux charges des Places de guerre *autres que les servitudes militaires* : mais que l'article 8 les établissait. Quinze ans s'étaient écoulés, pendant lesquels toutes les autorités administratives et judiciaires y compris la Cour de Cassation n'avaient pas soupçonné cette vérité nouvelle. Elle devint cependant la loi des relations entre les propriétaires et le Génie militaire, sous les tracasseries duquel ceux-ci ont souffert la violation de tous leurs droits pendant 5o ans, depuis.

Pendant 10 ans encore après cet arrêt, le gouvernement qui n'avait pas établi les servitudes par une loi, qui n'avait pas fait connaître leur existence aux propriétaires par avis préalable, ne songea jamais, jusqu'à 1862, à délimiter la zone. Il n'existe sur la matière que le décret du 8 mars 1862, qui n'est qu'une intention de délimiter et ne délimite rien.

V

Les servitudes militaires, ainsi arbitrairement établies, constituent-elles donc une charge indiscutable à perpétuité?

En même temps que l'examen de l'établissement, légal ou non, des servitudes, la question de leur durée et de leur survivance aux besoins de la défense nationale domine aujourd'hui la matière de la nouvelle spoliation violente, dont les propriétaires sont menacés comme conséquence des illégalités précédentes. Une sous-commission extra-parlementaire, sans mandat bien déterminé, à laquelle l'Etat et la Ville ont remis seulement l'examen de leurs intérêts communs et contradictoires, qui ne semble avoir aucun souci des intérêts privés aussi considérables que respectables qui sont en jeu, a, depuis qu'elle existe, manifesté bruyamment quels sont ses projets. Ils dépassent tout ce que les gouvernements successifs depuis 1841 ont tenté contre la propriété de la zone, dans une ignorance, qui semble voulue, des précédents et des droits qu'elle est bien résolue à négliger. Reprenons l'historique des protestations des propriétaires zoniers.

Nous avons dit ce qu'elles avaient été de 1841 à 1855, de 1855 à 1869.

Depuis 1869, les zoniers ont agi déjà judiciairement et se sont révoltés contre les abus de pouvoir de l'Etat.

Appuyés par Jules Grévy, Jules Ferry et Emile Ollivier même, Président du Conseil des Ministres, ils avaient entrepris la lutte judiciaire quand la guerre éclata. La parole une fois donnée aux événements, ils furent éloquents.

L'expérience militaire condamna les fortifications. Elles furent convaincues d'avoir toujours empêché la concentration rapide des corps d'armée sur les points d'attaque, indiqués par les chefs militaires, sans apporter aucune protection, ni aux combattants, ni aux habitants. Par contre, la Commune, grâce à leur protection, prolongea au-delà de toute vraisemblance, la durée d'une des insurrections les plus cruelles de l'histoire.

Après la guerre, comme avant, les fortifications étaient donc condamnées. Cependant, les servitudes subsistèrent.

Ce ne fut qu'en 1880 que la campagne reprit pour la protection du droit violé.

Dès 1886, le Conseil supérieur de guerre admettait l'idée du déclassement et, depuis, la Ville et l'Etat ont essayé de trouver une solution financière de la suppression, sans souci de la valeur militaire que personne n'invoquait plus. S'ils ne l'ont pas trouvée, ce n'est pas qu'elle soit bien cachée ; mais cela tient à ce que les périodes législatives, ne coïncidant pas avec la durée des mandats municipaux, les Assemblées qui se succédaient parallèlement, sans jamais se rencontrer, faisaient un travail de Pénélope, que l'arrivée du personnel nouveau d'élus obligeait à recommencer.

Plusieurs fois la combinaison financière désirée fut à la veille d'être acceptée par tout le monde, mais ne se réalisa pas.

C'est alors que naquit dans l'esprit des hommes de ressources qui composent nos assemblées, l'idée géniale de faire la grande opération de la destruction des fortifications, sans bourse délier, occasion nouvelle de faire la joie de certains électeurs aux dépens des autres.

C'est alors aussi que naquit dans les mêmes esprits, cette idée de revendre, avec bénéfice, les terrains des fortifications et pour rendre cependant, à la ville, l'air et l'espace libre qu'elle réclame et qu'on lui enlevait ainsi : cette idée non moins géniale de déposséder les propriétaires zoniers.

Le raisonnement que l'on tient est simple :

On part de ce principe faux que la bande de 250 mètres de largeur qui enveloppe Paris est frappée d'une servitude militaire ; on proclame comme vrai le miracle de la résurrection, on la déclare survivante et perpétuelle. Donc, cette zone n'a aucune valeur, l'expropriation n'est plus qu'une simple formalité, et toute indemnité à prévoir négligeable. Ces inventeurs ignorent qu'en l'état actuel, la dernière vente de terrain de zone a été faite au prix de 180 francs le mètre. Ce prix, qui l'a payé ? L'Etat, agissant pour le compte de l'Ouest-Etat.

A ce prix, combien coûteront les parcs — belle conception de M. Dausset — qui doivent embrasser toute la zone et occuper les 2.500 hectares ? L'œuvre au moins d'un siècle et de combien de milliards

Que l'on ne dise pas que ces chiffres sont de fantaisie.

Les aménagements du terrain des fortifications et de celui de la zone, qui, ensemble, ont une largeur d'un demi kilomètre, le travail de la démolition, la construction des rues et boulevards, du sous-sol de celles-ci, enfin toutes les opérations de voirie de toutes sortes qu'exigera cette colossale opération, ne rappelle que de bien loin l'aménagement et la création des boulevards de la Madeleine à la Bastille, qui remplacèrent, en 1740, les anciens remparts.

Or, pour construire ces boulevards, il a fallu un siècle et des sommes qui s'approchent du milliard ! Notez que l'œuvre n'est pas achevée. Les remparts condamnés au xviiie siècle existent encore ; on en trouve des traces dont la rue Edouard-VII, au boulevard des Capucines, ne fera pas disparaître la dernière, puisqu'il en subsistera d'autres encore à la Porte Saint-Denis, au boulevard Saint-Martin et enfin au boulevard Beaumarchais.

On peut affirmer que pour réaliser cette opération le siècle et deux milliards seront insuffisants. C'est cette opération que le projet Dausset et celui du Musée social Siegfrield ont l'intention de réaliser, sans bourse délier, en en faisant payer les frais aux propriétaires zoniers. Le premier les dépossède simplement, à peu près sans indemnité ; le second exige d'eux, par application de la loi de 1807, le paiement des frais occasionnés par la suppression des fortifications, en échange du droit de jouir de leurs propriétés dont ils ont été privés depuis 70 ans, sans indemnité.

Contre cette étrange aberration, les propriétaires zoniers sont-ils sans défense ? Les résolutions arbitraires et tyranniques des Assemblées municipales ou législatives, qui s'arrogent le droit de tout faire, même de changer un homme en femme, ne peuvent-elles être combattues dans l'œuf et avant l'exécution ? Contre ces septembriseurs de la propriété n'y a-t-il aucune arme légale ?

Heureusement, il en existe, et il existe des tribunaux devant lesquels elles peuvent être employées.

VI

Examinons-les.

Nous avons vu plus haut que la Cour de Cassation, en 1845, a établi que les servitudes militaires n'existaient pas alors, interprétant ainsi la loi de 1841. Ce n'est qu'en 1856 que le Conseil d'Etat impérial appréciant autrement cette même loi de 1841 déclara que ces servitudes existaient.

Il y a donc intérêt à savoir si le propriétaire, à la veille d'une spoliation, invoquant l'existence des servitudes, et, à l'heure où cette spoliation menacera d'être effectuée, peuvent choisir la juridiction qui dit blanc, ou subir seulement celle qui dit noir.

C'est un principe absolu que, dans la solution de toute question intéressant la propriété privée, même quand le droit est violé par l'Etat, c'est l'autorité judiciaire et non l'autorité administrative qui doit statuer — à moins que, par une loi, il n'ait été dérogé à ce principe absolu reposant sur la séparation des Pouvoirs.

Or, pas une loi ne confère à l'autorité administrative le droit de statuer sur l'existence légale des servitudes militaires.

Au contraire, les cas où elle peut statuer sont strictement limités par les lois 1791, 1819, 1841, 1851, et les décrets de 1853.

La juridiction administrative ne sera compétente que pour l'examen des contestations relatives : aux plans de délimitation, aux procès-verbaux de bornage et à la répression des contraventions relevées.

De l'art. 73 de l'ord. du 1er août 1821, et de l'art. 32 du décret du 10 août 1863, il découle que : s'il s'agit d'assurer l'exercice du droit reconnu de l'Etat, c'est à la juridiction administrative que la loi confie ce soin, en la faisant juge de toutes les contraventions commises. S'agit-il, au contraire, de reconnaître la servitude elle-même, et de l'appliquer à telle ou telle propriété, qu'on soutient ne pas y être assujettie, le droit commun reprend son empire ; c'est aux juges naturels de la propriété des citoyens d'en connaître.

On peut donc, en réalité, porter devant les tribunaux ordinaires la question de la légalité en même temps que celle de l'existence des servitudes.

Celle de savoir si la loi de 1841 a vraiment créé des servitudes militaires autour de Paris est une question qu'il appartient aux tribunaux de résoudre.

Or, aujourd'hui comme en 1845, quand la Cour de Cassation statuait et déclarait les servitudes non existantes, la question de leur existence est toujours ouverte.

A travers les phases successives de ce long combat entre la légalité et l'arbitraire, qui commence dès 1841, et se réveille aujourd'hui, la question est restée la même.

Les servitudes militaires autour de Paris, qu'aucune loi n'a créées, dont l'existence a toujours été mise en cause, ne peuvent attendre le vote d'une loi qui abrogerait celle qui n'a été ni élaborée, ni promulguée.

Elles ont une simple existence de fait, purement arbitraire ; un fait, émanant aussi des mêmes autorités peut suffire à démontrer la suppression de leur existence de fait.

Or, ce fait s'est produit depuis dix ans, comme nous le disions plus haut. Depuis dix ans, la défense nationale, par ses représentants autorisés : le Ministre de la Guerre, le Conseil supérieur de Guerre et leurs Agents du Génie militaire, se sont complètement désintéressés de l'existence ou de la non existence des fortifications. Ils déclarent qu'elles sont inutiles, donc gênantes. La ville proteste contre leur protection aussi bien que contre leur existence. Et ce serait contre cette condamnation unanime, en violation de tous les droits de la propriété que l'on soutiendrait l'existence des servitudes militaires pour exproprier les terrains, dits de zone, sans indemnité, au bénéfice on ne sait de quels intérêts mal dissimulés, où l'utilité publique entre pour une part infime.

Si l'arbitraire avait acquis des droits contre les zoniers en leur infligeant le poids de servitudes qu'aucune loi n'avait établies, il serait juste d'affirmer que la cessation de l'arbitraire leur a rendu l'exercice de tous les droits que cet arbitraire avait suspendus.

Protégés par le silence des autorités militaires, les propriétaires de zone ont agi dans les limites de leurs facultés en couvrant le terrain d'importantes constructions, qui, tout en leur rendant les revenus dont ils étaient privés, ont fait entrer dans les caisses de l'Etat et de la Commune des revenus considérables par la voie de l'impôt foncier et celui sur les matériaux employés. Il est donc équitable de reconnaître qu'ils ont ainsi, non pas acquis des droits nouveaux, mais reconquis une partie de ceux dont ils étaient arbitrairement privés depuis trop longtemps.

<h2 style="text-align:center">VII</h2>

Les projets de la sous-commission comportent le mépris absolu de cette situation nouvelle, établie avec le concours des autorités municipales, celui du préfet de la Seine qui ont accordé les alignements.

Il y a quelques jours à peine, cette fameuse sous-commission extra-parlementaire s'est permis de publier, — avec l'intention évidente de jeter un discrédit nouveau sur les terrains de zones et de ruiner d'une façon nouvelle leurs propriétaires, — qu'elle prétendait rappeler au Gouvernement militaire que l'usage que les zoniers faisaient de leurs propriétés, avec l'assentiment de celui-ci, était une violation du droit public ! Elle viole même peut-être le droit de la sous-commission de se substituer à tous les pouvoirs, et de rétablir la servitude *non œdi ficandi*, que le fait du Prince a établie, que le fait du Prince a déjà supprimée.

L'objet de la résurrection de cette servitude est simple. Il voudrait établir une continuité entre le sacrifice imposé par la défense nationale, aujourd'hui hors de discussion et inutile, et une nouvelle spoliation, que l'on imposerait aux zoniers, en donnant une vie nouvelle à la servitude de fait, aux fins de déconsidérer la propriété et d'expulser plus facilement leurs propriétaires.

Le moyen est de créer une servitude nouvelle, inconnue dans toutes les lois et dénommée **Servitude sanitaire**.

Un premier résultat est déjà obtenu. Toute transaction de vente, de location, d'hypothèque, est devenue absolument impossible pour les propriétaires de la zone de 250 mètres autour de Paris, pour les 24 millions de mètres carrés qui enveloppent la ville, et dont une fraction s'est vendue il y a quelques mois 180 francs le mètre à l'Etat lui-même, et d'autres à des époques diverses 130 et 150 francs le mètre, d'autres même 200 francs le le mètre.

Cette première attaque est une première spoliation : Ceux qui la commettent ne constituent pas un pouvoir reconnu ; ils sont un groupement arbitrairement organisé par l'Etat et la ville pour les éclairer et préparer une transformation nécessaire des fortifications. Sous le couvert de ce titre, qu'ils considèrent comme officiel, ils se croient autorisés à commettre, sans risques, le fait condamnable de porter atteinte à la propriété que les Pouvoirs, qui l'ont nommé, ont le devoir de protéger.

Il y a là un fait dont on peut soumettre l'examen et la condamnation aux Tribunaux civils, puisqu'il a pour premier résultat de favoriser des spéculations inavouables.

En effet, ou prépare une loi d'expropriation qui permettra de remettre aux mains des spéculateurs de vastes zones expropriées, sans que l'utilité publique le réclame, et seulement pour favoriser les grandes opérations de voirie que rêvent l'Etat et les villes.

Pour obtenir des jurés qui seront nommés l'expropriation à bas prix, il faut faire peser sur le terrain à exproprier toutes les incertitudes, toutes les inquiétudes et toutes les menaces : menace d'expropriation, menace s'ils ne sont pas expropriés de se voir appliquer la loi de 1807 ; menace de perpétuer les servitudes non existantes et de ressusciter les servitudes militaires dont personne ne soutient plus l'existence ; menace de la part des Pouvoirs publics, de décréter une servitude nouvelle dite *sanitaire*, qui, sous prétexte de faire circuler l'air pur et de le distribuer aux citadins, arrêtera la circulation autour de Paris par la barrière d'une véritable forêt de Bondy, dessinée à l'anglaise, sûr abri des malfaiteurs.

Contre toutes ces menaces, la lutte est encore difficile, parce qu'elles émanent de fantômes intangibles agissant dans l'ombre, sous le couvert de l'anonymat légal et politique d'une Commission sans caractère.

Il y a cependant des moyens de droit à la disposition des victimes.

Le premier sera, à l'heure des procès-verbaux, dont on

annonce la réapparition, de porter devant l'autorité judiciaire la discussion du principe même de l'existence des servitudes militaires, que l'on invoque pour servir de point d'appui à tout l'échafaudage de la spoliation.

Toutes les questions de propriété sont du ressort de cette juridiction, même celles qui se rattachent au classement des Places de guerre. Les lois limitent l'action des Tribunaux administratifs. Si donc un particulier soutient au sujet d'une construction qu'il a élevée, libre de toute protestation, la non existence de la servitude militaire, le tribunal administratif est absolument incompétent.

L'article 73 de l'ordonnance du 1er août 1821, ainsi que l'article 32 du décret du 10 août 1853, l'établissent absolument.

Si donc, aujourd'hui, dans l'état actuel des choses, sous l'injonction de la sous-commission extra-parlementaire, qui n'a cependant aucune faculté pour ordonner, le Génie militaire reprenait la série de ses persécutions aujourd'hui désuètes et oubliées, s'il venait contre des propriétaires ayant eu *toute liberté de construire* et de payer les impôts sur leurs constructions, dresser des procès-verbaux, exiger la démolition d'ouvrages existants, se permettre les actes violents qu'il multipliait autrefois musique en tête, avec accompagnement de cavalerie, du corps de pompiers, de municipaux, de gardes du génie et du commissaire de police, pour mettre bas des édifices existant depuis un quart de siècle, la résistance doit se manifester devant les Tribunaux ordinaires et non devant les Tribunaux administratifs se fondant :

1° Sur ce qu'il n'existe, en droit, aucune servitude militaire autour de Paris ;

2° Sur ce qu'il n'existe plus, en fait, de fortifications, dans le sens technique et militaire du mot ; celle qui reste debout, dans une attitude trompeuse de combat, n'étant plus qu'un corps mort, que la terre ne recouvre pas, uniquement parce que les fonds manquent pour en dresser la sépulture — sans fleurs ni couronnes.

VIII

Les propriétaires zoniers, déjà mal en point pour faire les frais eux-mêmes, de leur défense, n'ont jamais obtenu le concours de la presse — pour les motifs que l'on soupçonne — ni des autorités municipales, ou de leurs représentants élus. Des propriétaires même pauvres, même ruinés par l'arbitraire administratif ne sont pas intéressants, par cela seul qu'ils sont propriétaires, et qu'un propriétaire est en principe un homme heureux, puissant, à envier.

La réalité est tout autre, nous l'avons dit, pour le propriétaire zonier.

On ne croit pas à sa pauvreté — personne ne voudrait l'aider. Le propriétaire de la Ville de Paris le tient pour suspect. Ce besogneux pouvant un jour songer à vendre sa terre stérile et sans produit, et faire baisser le prix des propriétés environnantes.

Cependant, à son grand étonnement, cet appui qu'il n'a trouvé nulle part, les conseillers municipaux de banlieue, c'est-à-dire à peu près tous ceux du département de la Seine, songent à le lui apporter.

Les yeux se sont ouverts... Les Communes de la banlieue découvrent maintenant que leurs droits sont atteints et leurs intérêts lésés par les menaces déjà proférées, qui annoncent l'invasion des barbares armés de pics de démolisseurs, sans se faire précéder de lois loyalement discutées et établies Les Communes savent maintenant qu'elles, aussi, vont avoir à pâtir de l'imposition des projets de spoliation, qu'elles sont menacées de perdre le bénéfice de tous les travaux d'aménagement de ces terrains, des routes et chemins qui sont leur propriété, et enfin qu'elles vont perdre les rentrées considérables d'impôts qui leur donnent déjà et que leur promettent, plus considérables encore, l'utilisation et la mise en valeur définitive des terrains de la zone, aujourd'hui libérés de toute servitude de fait et de tout abandon des exigences de la défense nationale.

Les zoniers, groupés déjà, peuvent donc compter sur l'appui des Conseils municipaux, sur celui des députés de la banlieue de Paris, qui tous voient où est l'intérêt de leurs électeurs, et comprennent qu'il est du côté de la justice et de l'équité.

Qu'ils aient donc confiance et qu'ainsi armés, aidés de leurs alliés naturels qui ne doivent plus les abandonner, qu'ils s'unissent pour entamer la lutte et se tenir prêts pour les premières escarmouches. Avant qu'un pic menace leurs édifices de destruction, avant que soit ouverte l'expropriation, que la spoliation touche leurs terrains, ils peuvent devant les tribunaux ordinaires faire valoir leurs droits et arrêter l'entrée en action des septembriseurs de leur propriété.

Émile DAIREAUX.